Farbige Gedankenspiele

Von Fabel-haften Tieren und lernwilligen Menschen

Herzlichen Dank an meine Frau für ihre
gelungenen Beiträge und ihre beratende Kritik!

Dieter Achtnichts

Farbige Gedankenspiele

Bibliografische Information der Deutschen
Nationalbibliothek:
Die Deutsche Nationalbibliothek verzeichnet diese
Publikation in der Deutschen Nationalbibliografie;
detaillierte bibliografische Daten sind im Internet über
http://dnb.dnb.de abrufbar.

ISBN: 9783842375581

Vorwort

Farbige Gedankenspiele meint „farbig" in vielfältiger Bedeutung:
Die Inhalte der Gedichte reichen von schrägen Wortspielereien über lyrische Naturbeschreibungen in fantasievollen Bildern bis hin zu Tieren, die wie in Fabeln menschliches Verhalten belehrend wiederspiegeln. Sie werden ergänzt mit umweltkritischen und nachdenklichen Texten. Lautmalende Reimwörter finden zusammen und ergeben wie von selbst einen Sinn. Ein eindrucksvolles und bewusst gesehenes Erlebnis wird in Reime gekleidet und kann so verarbeitet, fixiert und nacherlebt werden.
Ich hoffe, dass Sie, lieber Leser, sowohl unterhalten werden, als auch angeregt, mitzudenken und auch selber die „Lust am Reimen" entdecken!
Eigene Fotos und Gemälde sollen begleitend wirken und den Blick auf die Schönheiten unserer Nah-Welt lenken, welche du beim genauen Hinschauen entdecken kannst!
Form und Farbe ergänzen sich zu einem ästhetisch harmonischen Gesamtbild.

Inhaltsverzeichnis

Karersee

Nixe

Einst spazierte ein Mann am Meer,
einfach so vor sich hin,
Müßiggang im Sinn.
Da fand er an der Küste,
im Sande eine Kiste.
Sie war sehr schwer!
Drin war eine wunderschöne Nixe.
Sie hatte gar nix an
und gefiel sogleich dem Mann.
Sie war so glänzend nackig
mit Brüsten so knackig!
Sie kuckte einladend frisch.
Doch als er sie küsste,
fischelte sie so intensiv,
dass es die Stimmung ihm verdrieß.
Auch zum Stillen tiefgehender Gelüste
hatte die Nixe leider nix!

Und fiel es ihm auch schwer,
warf er sie samt der Kiste
zurück ins Meer.
Fortan öffnete er an der Küste
keine Kiste mehr!

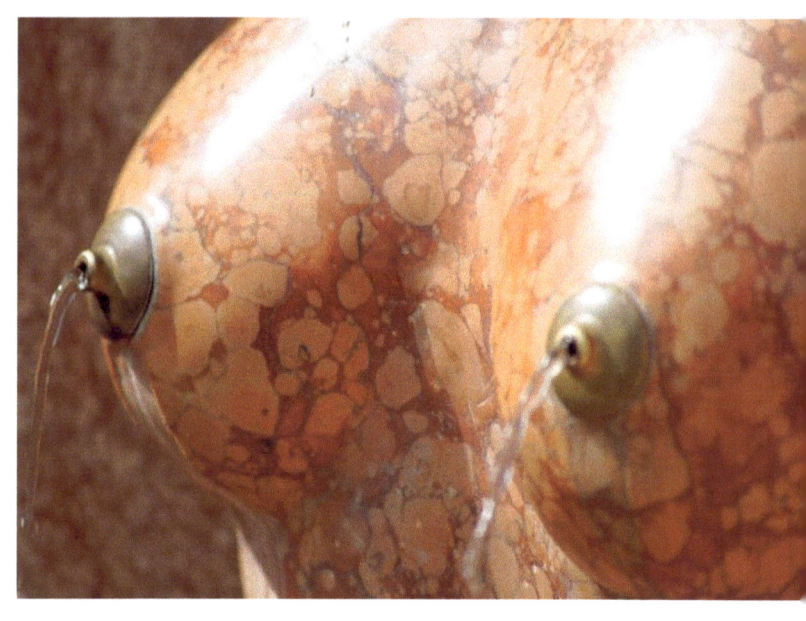

Nachtbar

Einst traf ich meinen Nachbar
in einer Nachtbar
und dachte erst, es wäre nicht wahr,
dass dieser Mann in der Nachtbar
mein Nachbar war!
Aber dann bestellte er bei einer barbusigen
Barfrau,
die fast nackt war,
einige Klare
und bezahlte sie bar,
wegen der Tatsachenverbreitungsgefahr!
Danach war für mich klar,
dass der Mann in der Nachtbar
nicht mein Nachbar,
sondern nur
ein spendabler Barzahler war!

Innreim

Kürzlich ging ich
frühlingsfroh am Flusse Inn
sinnend vor mich hin,
Müßiggang im Sinn.
Da dachte ich, ich spinn.
Einen Findling aus dem Inn,
auf dem Wege liegend,
ich leider erst spät erblickte.
Worauf der, mein Gleichgewicht besiegend,
mich stolpern ließ
und es mir nicht mehr glückte,
mich noch abzustützen.
So fiel ich hin,
zuerst mit dem Kinn,
jedoch nicht auf Kies,
sondern in weichen Schlamm.
Dies tat mich vor Schaden schützen.
Obwohl mir Dreck auf die Zunge kam,
ließ ich mich nicht verdrießen.
Ich ging weiter vor mich hin,
die Schönheit der Landschaft am Inn
mit wachem Sinn,
aber mit dem Blick am Boden
steinesuchend zu genießen!

13

Sommertag am See

Unter hohen Bäumen in schattiger Ruh
liege ich hier im Jetzt die Lider halb zu.
Sehe wie sich Wolkenberge türmend durchs
Azurblau schieben,
beobachte zwei Spatzen, die sich aufgeregt
tschirpend lieben.
Durch das Wolkengequirle wird meine
Phantasie erweckt:
Im watteähnlichen Grau-Weiß hab ich
Fabelwesen entdeckt.
Ich erkenne zwei Hörner und den Kopf einer
Kuh,
dann wird sie zum Hund und den verweht´s
schon im Nu!

Licht- und Schattenbänder huschen im See
über die Wellen,
die mir plätschernd vom andauernden
Sommer erzählen.
Meine Ohren lauschen virtuosem
Vogelstimmengesang.
Er erfüllt melodiös mein Gemüt mit
harmonischem Klang.

So dämmere ich glücklich meinem
Mittagsschlaf entgegen,
den Moment Tagträume genießend, hab
Freude am Leben!

Durchs Blattgrün über mir schweben aus dem
Himmelsblau
tausende Pappelsamen schneeflockengleich
auf mich herunter.
Sie tanzen einen letzten Reigen und landen
taumelnd
in meinem Gesicht und kitzeln mich so
wieder munter!

Was für ein einzigartiger Sommertag, die Zeit
steht scheint`s still!
Ich sauge diesen Sinnesrausch tief ein,
weil ich sie konservieren will!

Wenn es an einem unfreundlichem Wintertag
dann echte Flocken schneit,
öffne ich die Konserve und denk freudig
zurück, mit dankbarem Glück,
an diesen kostbaren Augenblick in der so
kurzen Sommerzeit!

Am Chiemsee

Herbsttraum

Wann hast du zum letzten Male schlichte
Schönheit
so berauschend empfunden?
Erinnere dich an den Reiz von
glücksspendenden,
seltenen Stunden!
Wie unter dir die Landschaft doch so
wunderbar,
fast unecht ausschaut,
wenn sie sich nach hinten immer höher und
blasser
in den Himmel hineinbaut!

Die Herbstsonne frisst sich sanft verzehrend
durch Reste von Nebelschwaden,
und du siehst in schimmernder Ferne Hügel
mit grauverschlungenen Pfaden.
Milchig eingehüllt lockt zum Wandern
eine schemenhafte Höhensilhouette
und strahlt, wo sie zusammenstoßen,
mit besonnten Wolkenfeldern um die Wette.

Ein Barockkirchenturm, so typisch bayerisch,
in seinem grünspanigen Kupfergewand,
begrenzt einsam den Mittelgrund,
wo es aufhört, das flachere Land:
Wo sich das Grüngrau der Wälder
ins farblose Nichts der Weite verliert
und wo man das weiche Ineinander
von Formen und Farben so beruhigend
verspürt.
Dann ruht der Blick auf einem
„Spielzeugbauernhof"
inmitten von braungeackerten Feldern,
schweift suchend näher und verweilt
auf herbstlich bunt geschmückten Wäldern.

Vom Ort unter dir, geprägt durch seine
hellrot strahlenden Ziegeldächer,
zieht zu dir herauf der Weg,
immer breiter werdend, wie ein Fächer.
Links und rechts davon wird dieses Bild
von einem Rahmen eingesäumt,
der das Hauptmotiv überstrahlt
und erscheint, als wäre er geträumt.

Die Vielfalt von oktoberwarmen Tönen
im Blätterspiel von einem hohen Baum
erweitert und berauscht dein Gemüt,
und du glaubst es kaum:

Wie sich der Herbst in Schönheit erstreckt,
wenn die Sonne verzaubernderweise
warmleuchtende Farben erweckt
und du in dir so manches, was so lang schien
versteckt,
ganz neu hast entdeckt!

Buchbach Pfarrkirche St. Jakobus d. Ä.

Herbstgefühle

Vorbei ist der Sommer,
der graue Herbst beginnt.
Ihm kommen die Tränen,
wenn er sich besinnt.

Die Sonne geht unter,
der Abend fängt an.
Die schöne Zeit war so kurz.
Was hat er alles nicht getan?

Auf den Wiesen liegt schon kalter Tau.
Der Nebel zieht schweigend übers Land.
Was im Frühjahr lindknospend begann,
wechselt im Herbst müde das Gewand.

Es fallen raschelnd die Blätter,
es heult beißend der Wind.
Da vergeht ihm das schauernde Frösteln:
Warm spürt er die vertrauende warme Hand
von seinem Kind!

Jahreslauf

Die Zeit vergeht schier wie im Flug!
Wo vor kurzem noch Leben schwellte,
verwandelt braun das Grün ein Pflug,
überzieht der Winter das Land mit Kälte.

Eben spielte noch im Schnee ein Kind,
da recken sich schon die ersten Blumen.
Die Sonne füllt die Luft frühlingslind,
und fruchtbar glänzen die Ackerkrumen.

Wenn der Samen lebensspendend in die Rillen
fällt,
sieht man bald Halme zartgrün aus der Erde
spitzen.
Du drehst dich kaum um, bis der Herbst
Einzug hält
und Bauern auf ihren Mähdreschern
schwitzen.

Im Jahreslauf verfliegt die Zeit.
Was gerade begonnen, ist schon vorbei.
Es wartet schon das weiße Kleid,
dann steht die Zeit, und du bist frei!

Schneeflocken

Flocken schweben langsam, zart,
nach Wattebauschenart,
schaukeln wie Löwenzahnfallschirmflieger
hernieder.
Es fasziniert mich immer wieder!

Meine Blicke verlieren sich im Flockenmeer,
verpuffen in dem Kristallmillionenheer.

Sie lassen mich träumen, wollen mich
hypnotisieren. Ich öffne mich ihnen, mag sie
kühlend weich spüren:
Ich schnapp sie mit meinem Mund, spüre sie
bis in meiner Seele Grund.
Ich bin ganz konzentriert.
Als Kind hab ich das zuletzt gespürt.

Es zählt nur der Augenblick:
Wenn man sich selber verliert,
das nennt man wohl "GLÜCK"!

Es schneit

Silberne Regentropfen werden zu filigranen
Kristallen,
die schier aus dem Himmel auf die Erde
nieder fallen.
Sie taumeln windgepeitscht aus wolkigen
Weiten,
jedes einzigartig, keines gleicht einem
zweiten!
Sie sind flauschig und weich
und frostig und eisig zugleich.

Ganz leis über Nacht
haben sie ein Wunder vollbracht.
Alles strahlt weiß, wie neu gemacht.

Öffne deinen Mund, lass sie wieder zu Wasser
vergehn.
Als Kind hast du`s zuletzt gefühlt,
nach der Schneeballschlacht dich so gekühlt!
Fühle es neu
Auch jetzt ist es noch schön!

Sandstrand

Hochgepeitscht und windgekühlt beißen
Sandkristalle Nervenenden,
sanftgewellt und aufgeheizt schmiegen sich
dieselben Flieger–
wie Seidenhüllen schmeichelnd weich an
deine Glieder,
legst du dich auf ihnen nieder,
und verschwenden
milliardenfach ihre aufgestaute
Sonnenenergie,
wenn sie als Spielball der Elemente ihren Platz
verlieren,
ständig neue Formen bauen, Sekunden später
neu platzieren.
Wer kennt die Muster, ordnet neu und führt
Regie?
Wie das Meer ständig neu seine Wellendünen
landwärts treibt
und Sand den Strand kurzzeitig wie Beton
gestaltet,
wird der ganz schnell völlig neu gefaltet.
Im Gegensatz zum Einzelwandel, das große
Muster,
der Sand am Strand – aber gleich stets bleibt!

Am Meer

Unter wolkenlosem Azurblau rauscht das
Meer um die Wette mit den vom Wind
verwehten Wortfetzen vieler Sprachen,
mixt sie zu Neu-Esperanto,
gestört vom Dröhnen der Jacuzzi,
begleitet vom leisen Säuseln des Windes.
Diese noch nie vernommene Musik verwirrt
meine Sinne und buhlt um den Vorrang mit
der optischen Vielfalt, die auf mich einstürmt
und sich im Gehirn einnistet:
Wimmelndes Treiben sonnengebräunter
Körper im Sand,
emsig flanierend am Strand,
spritzend lachend in den brandenden Wellen
und sind doch nur kurze Tupfer
des Augenblicks im unendlichen Blau,
der am Horizont verschwimmenden Wasser-
und Himmelsmassen,
heller als das hautfarbige Sandmeer,
dessen kleine Sandkrater als Ganzes ein sich
veränderndes und trotzdem gleichbleibendes
Universalmuster ergeben: So ist es eben-
das Sommerstranderleben!

Fußballgolf

Wir spielen Fußball ohne Foul und Elfmeter
und Golf, aber ohne elitäres Gezeter.
Wir kombinieren einen kräftigen Schuss
mit dem dosiertem Gefühl im Fuß,
so dass der Ball einfach ins Ziel rollen muss!
Dann kommt der so spannende Moment,
welchen jeder Spieler schätzt und gut kennt:
Dem abgeschossenen Ball folgt prüfend der
Blick. Der aber rollt vorwärts und kennt kein
Zurück. Er strebt, wie er soll, dem Ziel
entgegen, entwickelt aber plötzlich ein
Eigenleben: Statt „hole-in-one" hat ihn ein
Felsen abgelenkt. So hast du ihn erst im
2.Versuch versenkt. Diese Sekunden nach
dem Schuss bauen in dir eine Spannung auf
und du verfolgst bangend und hoffend des
Balles weiteren Lauf. Wie im echten Leben
erlebst du hier Tiefen und Höhn. Vielleicht ist
gerade deshalb unser Sport so schön? Bist du
dann endlich besser als Par oder hast ein
individuelles Traumergebnis, ist Soccer-Golf
dein Erfolgserlebnis! Dann siehst du sogar
glasklar: Das ist mein Sport, der neue Trend,
den sicher bald ein jeder kennt!

Fußballeralbtraum

Es ist ein Fußballspiel in der Regionalliga,
die Buchbacher sind noch nicht die Sieger:
Ich sehe mich auf der Reservebank sitzen
und vor Aufregung beginne ich zu schwitzen.
„Wann wechselt mich endlich der Trainer ein?
Ich weiß, ich könnte der Siegestorschütze
sein!" Endlich komme ich dran und laufe mich
warm.
Der Trainer packt mich schon auffordernd am
Arm:
Dann schaut er nach unten und sagt:
"Dummer Bua!
Wie möchtest du spielen, so ganz ohne
Schua?"
Ich kann sie nicht finden, trotz allem Suchen
und fange enttäuscht an zu fluchen!
So ein Pech, ich glaube es kaum!
Und mitten im Ärgern– da zerreißt er: mein
Traum! Ich realisiere ernüchtert, dass ich
keine zwanzig mehr bin, aber dann kommt
mir ein tröstender Gedanke in den Sinn: Dass
mich ohne Schwitzen in der Wirklichkeit
bequem auf der Tribüne das Zuschauen auch
freut!

Pop

Bekommen Vokabeln erst einen Sinn,
bleiben sie besser im Gedächtnis drin!
Ob dies auch wirklich funktioniert,
sei nun exemplarisch ausprobiert:
Population heißt Bevölkerung,
ein Popsong hält dich jung.
Populär heißt in Deutsch beliebt,
was aber noch keinen Sinn ergibt.
Kommt aber noch das Umgangswort
„poppen" dazu, ergibt sich ein
Zusammenhang, den verstehst auch Du!
„Poppen" ist nicht nur eine „beliebte"
Beschäftigung, sondern ohne sie, stürbe sie
aus, die „Bevölkerung"!
PS: Pop heißt auch „Knall",
„to pop a balloon"= einen (Ballon)
d.h. einen gummiartigen Behälter „platzen
lassen"! (Was unfreiwillig auch für einen
Anstieg der Bevölkerung sorgen kann!)
Für „to pop in" steht im Wörterbuch
„auf einen Sprung vorbei kommen"
und schließlich: „to pop" =
„schnell irgendwo hinstecken"!?
Zusammenhang klar?? Wunderbar!!

Niesen

Der Lehrer wollte die Vergangenheitsformen
von „niesen" wissen.
Dies tat den Schorsch
jedoch sehr verdrießen!
Er wollte dem Lehrer
aber den Unterricht nicht vermiesen.
So riet er forsch:
„Niesen-nass-genossen!"
Da meinte der Lehrer mit grinsendem
Gesicht:
„Aber Schorsch, das trifft es nicht!
Wird etwas Nass beim Niesen aus der Nase
geschossen,
ist der Getroffene, so wie ich über dein
Deutsch,
sicher auch sehr verdrossen!"

Dont´t drill ..!

The teacher during an English-lesson: „Don´t drill into your nose! If you drill too violently, you´ll get onto your brain- and it`ll run out of your nose. What a pity! "
A minute later: „Stop biting your finger-nails!
If they get too short
you can´t get to your brain!"

Library

Du liest gerne Bücher über Cowboys und Indianer, die in der Grassteppe, der „Prärie" lebten? Dann musst du in die „Leihbücherei", in die „library" gehen!

Mice

In Englisch heißt die Mehrzahl von Maus (mouse) mice.
Da meint der Schüler:" Das ist ein Scheiß!"
In Deutsch buchstabiert heißt das: m-i-c-e-
Und die Mäuse sind die Leibspeise von der Mieze (-katze)!

Katze und Maus (Fabel)

Eine Katze sitzt träge auf einem Baum.
Da traut sie ihren Augen kaum!
Es sitzt jemand auf einem dünnen Ast,
der gar nicht in diese Höhe passt!
Vergnügt sonnt sich ein Mäuschen,
macht ein luftiges Mittagspäuschen.
"Freche, kleine Maus,
dir mach ich den Garaus!
Deine Pause ist gleich aus,
du wirst mein Mittagsschmaus!"
Miaunz hüpft krallenscharf auf deren Ast
und hat sie – fast!
Ihr katzenschweres Gewicht,
das Ästchen trägt es nicht!
Man sieht sie abwärts fallen.
Es tappen ihre Krallen – ins Leere!
Die schmerzensreiche Erdenschwere
ist ihr eine Lehre:

Was helfen scharfe Krallen,
ist man selbst am Fallen!–
Jage nicht am falschen Platz,
sonst bist du wie unsre Katz
selbst das Opfer deiner Hatz!

Fischeln

„Erst nachdem du dein Haus gebaut hattest,
hab ich dich zum Mann erwählt!",
hat eine Frau bei einer Feier kürzlich erzählt.
Da hab ich gelacht und gemeint,
das sei praktisch gedacht.
Beim Stichling wird vom Männchen erst ein
Nest gebaut
und dann vom Weibchen prüfend angeschaut.
Sie schwimmt hinein und entlässt ihren Laich,
das Männchen hinterher, beeilt sich sogleich.
Es gibt schnell seinen Samen dazu
das war´s dann, vorbei ist es im Nu!
Da lacht der Mann: „Die armen Fische,
die tun mir leid!
Für so etwas Schönes im Leben
haben sie so wenig Zeit!"
Da lache auch ich und gebe zu erkennen,
warum wir das frivol, aber auch wenig
treffend, nicht fischeln,
sondern vögeln nennen!
Der Spatz vögelt zwar Runde um Runde,
wie im Karussell,
hüpft aber auch gleich wieder ab.
Das ist dann wieder viel zu schnell!

Standpunkt?

Neben der Erdinger Therme am 2.Januar
sah ich etwas, was sehr sonderbar war:
Nach der Sauna auf der Terrasse steh´n,
abzukühlen, das war so schön.
Da, auf der grünen Wiese bewegte sich
schnell
ein kleines Tier mit weißem Fell.
Es wieselte flink auf der Wiese herum,
die Bezeichnung „Wiesel" verstand ich nun!
So ohne Schnee war es schlecht angepasst.
Ich hoffte, dass es kein Fuchs erfasst!
Es wieselte, blieb aber immer wieder steh´n,
und schien verwundert zu uns herüber zu
seh´n!
Es staunte wohl über menschlichen
Unverstand,
mitten im Winter ganz ohne Gewand!!
Die Moral?
Es kommt immer auf den Standpunkt an,
ob man etwas „richtig" beurteilen kann!!

Zecke!

Ich erschrecke, als ich sie entdecke,
in ihrem intimen „Schamverstecke":
Eine dreiste, unverschämte Zecke!

Voller Mut tut sie sich an meinem Blute
gütlich!
Was mir so gar nicht gefiel!
Dieses Gesauge wurde mir zu viel -
ich wurde ungemütlich:

Mit den Nägeln nahm ich Ziel
und zerquetschte sie an meinem Penis,
was aber für den nicht sehr schön ist!
Doch ich sprach triumphierend,
wenn auch noch Schmerz verspürend:
„Verrecke, unverschämte Zecke!!"

Libelle (Schwarzleser)

Am See lese ich gerade in einem Buch,
da bekomme ich unverhofft Besuch.
So ganz auf die Schnelle
kommt eine Libelle,
landet keck auf des Buches Rand
und scheint fast gespannt
auf meinen Krimi zu sein!
Ich aber bin von ihr gebannt:
Mit ihrem glänzenden Facettenaugenpaar
sieht sie mich anscheinend neugierig an,
während ich mich an ihrem filigranen
Flügelwunderwerk nicht sattsehen kann.
Noch dazu ist sie auch noch sehr schlau:
Auf dieser Seite wird der Mörder genannt,
und bis ich lange schau,
fliegt sie graziös davon.

Libelle und Libella

Einst wollte eine Libelle
kurz auf die Schnelle
etwas Leckeres trinken.
Da entdeckt sie dort hinten
zwei Flaschen:
Eine Cola von der Werbung angepriesen
und eine Libella,
auf sie wurde sie schon hingewiesen!
Sie entschied sich wegen der Namensgleiche
die Libella zu wählen,
und was soll ich lang erzählen:
Sie fiel sogleich rein!
Jetzt passt auch der Reim,
und wurde bald zur Leiche
im Libella-Zuckerwasserteiche!
Hätte sie vorher dieses Gereime gelesen,
wäre die Cola die bessere Wahl gewesen!
Wäre sie auch dort ausgerutscht
und in die Flasche geflutscht,
das Coffein hätte sie gedopt,
und sie wäre lebend dort rausgehoppt!

43

Kakadu und Gnu

Einst war einmal ein Kakadu,
der machte beim Kacken stets die Augen zu!
So konnte er wenigstens hoffen,
sein Geschoß habe niemand auf den Kopf
getroffen!
Weil der Vogel ist sehr reinlich
wäre dies ihm furchtbar peinlich!
Wenn er es aber gar nicht weiß,
kümmert es ihn sprichwörtlich einen Scheiß!
In Gegensatz zum Kakadu hat das Gnu
dabei die Glotzer offen.
Einst sah es sehr betroffen,
auf seines Riesenfladenlandeplatz
saß just beim Kacken ein kleiner Spatz,
welcher beim Pressen die Augen schloss
und so die Ladung nicht erblickte
und, oh Graus, jämmerlich erstickte.
Das jedoch hat das Gnu verdrossen
und es hat sogleich beschlossen:
Beim Kacken mach ich lieber die Augen zu,
nehme mir ein Beispiel am Kakadu.
Dann hab ich ein reines Gewissen,
dann wird ungeniert geschissen!

Wie hältst es dabei DU?
Ob Augen auf oder auch zu,
verrichte das Geschäft an einem sicheren
Platz,
nicht im Freien wie Gnu oder Kakadu,
dann geht es dir auch nicht wie diesem Spatz!

Kakadu

Einst saß ein Kakadu
frech reitend auf einem Gnu.
Er sprach zum Gnu:" Hör mir mal zu!
Lass mich auf deinem Rücken thronen,
das wird sich auch für dich dann lohnen!"
Er pickte demonstrierend schnell
drei Zecken ihm aus seinem Fell.
Zum Lohn ließ er sich weiter durch die Steppe
tragen
und musste fortan nicht mehr erst um
Erlaubnis fragen.
Bald war dieser Deal im ganzen Tierreich
bekannt
und wurde kopiert und Symbiose genannt!

Quälende Quallen

Vorsicht beim Baden im Meer!
Da schwimmen Schleimis ohne Zahl daher!
Beim Kontakt schmerzen sie sehr!
So eine Qualle wird dann zur Qual,
aber was bleibt dir schon für eine Wahl?
Willst du nicht im Sande in der Sonne grillen,
musst du dich im Nass abkühlen.
Das macht Spaß, verwandelt sich aber in Hass
beim Quallenfühlen! Deren Nesseln brennen
höllischer als Sonnenbrand.
Schwimm lieber zurück zum Strand:
Lindere deine Quallenqual mit einer
Schluckimpfung oral, und füll dich voll mit
Alkohol, mit Bier, mit kühlem! Wär das ein
Tausch? Die Quallenqualen gegen den Kater
nach deinem Rausch? Sei ohne Groll, treib´s
aber nicht so toll! Dann wirst du dich bald
super fühlen: Besser wär´s, du gönnst dir das
Nass in Form von nur 1–2 Bieren, die dich so
auch nicht zum Schwimmen verführen. Das
macht schluckweise Spaß! Und so oral
geimpft, du nicht mehr auf die Quallen
schimpfst! Genieße das Meer quallen– und

qualenfrei im Liegestuhl, quaddelfrei und
sonnenschirmcool!

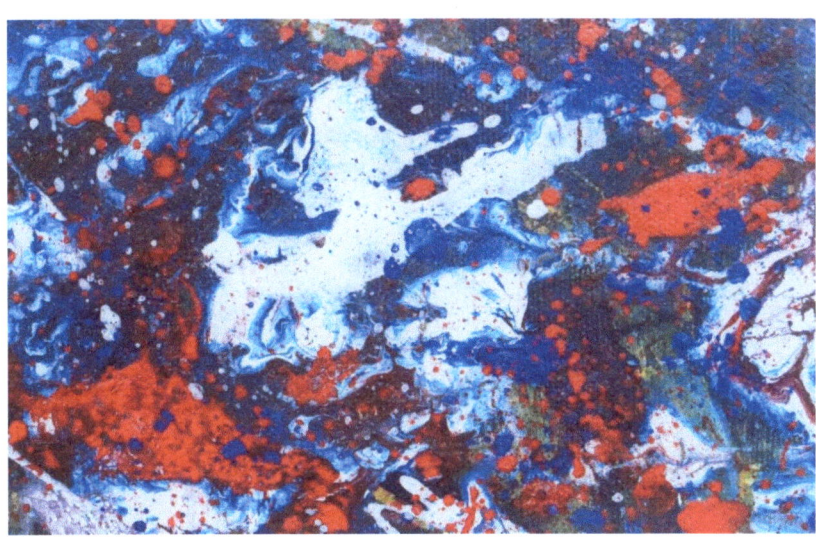

Frei nach dem „Erlkönig"

Wer reitet so spät durch Nacht und Wind?
Es ist ein Vater, der anscheinend spinnt!

Er hält den Knaben in seinem Arm,
dabei wäre es zuhause jetzt so schön warm.
Er umklammert in fest mit seinen Armen.
Der arme Kerl kann einem wirklich erbarmen!

„Siehst Vater du, den Erlkönig nicht?
Er ist ein Wicht mit Grinsmaulgesicht!
Er will mich haben, er will mich locken!
Er stinkt aus dem Maul wie verfaulte Socken!"

„Bleib ruhig, halt die Klappe, du dummer
Sohn.
Nimm kein LSD, dann hast du auch keine
Halluzination!"

"Hey Bubi, willst du nicht mit mir gehen?
Ich hab 7 Töchter, die sind voll schön!
Die tanzen um dich und laden dich ein,
die sind so cool, da sagst du nicht nein!"

„Mein Vater, mein Daddy, hey kuck mal dort!
Die tollen Puppen, jetzt rennen sie fort!"

„Mein Sohn, mein Bubi, auch ich seh´s genau,
die sind echt geil, die sind eine Schau!"

„Hey, Kleiner, ich lieb dich, mich reizt deine
schöne Gestalt
vergiss deinen Daddy, bleib bei mir hier in
meinem Wald!"

„Mein Vater, mein Alter, jetzt fasst er mich an!
Er will mich vernaschen, bald hat er´s getan!"

Dem Alten grauset, er „drückt auf die Tube".
In seinen Armen stöhnt der arme Bube!
Er erreicht endlich die Ranch mit Mühe und
Not.
Am nächsten Tag macht er den
Kinderschänder dann tot!

Ich wäre gerne ein Stein!

Ich wäre so gern ein großer Felsenstein
und bräuchte dann nur einfach sein!
Über Politik und Finanzamt müsste ich mich
nicht erregen,
Krieg und Umweltsorgen würde es für mich
nicht geben.
Ob Sommer oder Winter, mir wäre jedes
Wetter schnuppe,
und ich hätte auch nicht die Probleme einer
Modepuppe.
Wenn mir wirklich mal jemand einen Tritt
würde geben,
ich bliebe hart und würde auch Schlimmeres
überleben!

Bei mir gäbe es kein Bauchzwicken
und auch kein Schuhdrücken.
Ich spähte nur ganz lässig umher,
die Blicke schweifend vom Land zum Meer.

Ich sähe die Leute eifrig schwitzen
und ich, ich bliebe ruhig sitzen!
Ich läge so da auf meinen Höh´n,
nur einfach da sein, ach wäre das schön!

Theaterstück

Das Leben ist gerade wie ein Theaterstück!

Du spielst mit und versuchst dein Glück.

Die meisten bleiben nur kleine Statisten
und fällt einer aus, niemand vermisst ihn.

Der allmächtige Regisseur verteilt alle Rollen.
Viele sind sauer, weil sie größere wollen.

Sie sollten sich trösten beim Blick auf die
Hauptdarsteller, die sich eitel produzieren
und sehen nicht den Fehler,
dass nicht sie das Drehbuch schreiben,
sondern Marionetten in der Hand
vom Spielleiter bleiben!

Straße des Lebens

Die Straße deines Lebens
führt an ein festes Ziel.
Beschreit sie nicht vergebens,
verlange nie zu viel!
Weich nicht vom Pfade ab,
bleib stets in leichtem Trab!
Geh die gerade Bahn!
Du kannst den Weg dir wählen.
Die Straße gibt dir die Grenzen an,
du musst dich nur vorwärts quälen!
Du begegnest vielen andern,
die auch auf dieser Straße wandern.
Kannst du sie helfend ein Stück begleiten,
wirst du reifend deinem Ziel
entgegenschreiten!

Dein Mühen gehört zum Leben.
Ungefragt wurde es dir gegeben!
Gib nicht auf, bleib nicht stehen,
sonst musst du sie von neuem gehen!

Traurig?

Ich komme,
weiß nicht woher.
Ich bin,
weiß oft nicht wer.
Ich gehe,
weiß nicht wohin.
Ich suche,
nach meines Lebens Sinn.

Ich bemühe mich
und fange mit meiner Suche an
und glaube fest an diesen Sinn,
weil ich dann
nicht mehr traurig bin!

Überheblichkeit

Ein gesundes Selbstbewusstsein
und krankhafte Überheblichkeit
liegen sehr nahe beisammen;
wie die zwei Fahrbahnhälften
einer Autobahn nur durch
eine schmale Begrenzung getrennt!

Da sie aber in entgegengesetzte
Richtungen führen,
kann es fatal sein,
wenn man auf die falsche Spur gerät!

Wissen und denken

Wer viel weiß, wird deswegen oft beneidet.
Wissen erfordert Denken!
Wer viel denkt, erfährt auch viele bittere
Wahrheiten,
um deren Wissen man ihn nicht zu beneiden
bräuchte!

Konservierend

Auch ein "konservatives" Elternhaus
bietet noch lange keine Gewähr dafür,
dass die Kinder später nicht trotzdem
einen "verdorbenen" Lebenswandel führen!

Kamel-Filter

Für Camel geh ich meilenweit,
lauf mir Löcher in die Schuhe!
Nach Nikotin mein Körper schreit,
lässt mich ohne Camel nicht mehr in Ruhe!

Hätt ich Kamel mit Camel nicht angefangen,
mich nicht als werbungsharten Kerl geseh´n,
bräucht´ ich mich nicht um Löcher in der
Lunge bangen
und müsste auch nicht ins Sanatorium geh´n!

Millionär

Möchtest du gerne mit einem
Millionär tauschen?
Ja?
Warum?
Weil du dir viele Wünsche erfüllen
könntest?
Alle?
Du wärst sicher glücklich,
eine gewisse Zeit lang –
bis du dich änderst:

Verschlungen wirst,
dein Wesen, dein Ich, verlierst,
bis auch du Sklave
deines Überwohlstands bist!

Meist geht es jedoch sanfter vor sich,
diese Übersättigung:
Jahr für Jahr,
Neuerung für Neuerung;
du spürst es kaum!
Wie weit bist du?

Kindertränen

Die Tränen eines Kindes,
vergossen wegen
einem zerplatzten Luftballon
sind ebenso salzig
wie die eines Millionärs,
der sein Vermögen verliert.
Vielleicht wiegen sie sogar schwerer!

Gefesselt

Modische Kleider, Make-up und Körperpflege
Helfen den Frauen die Männer zu bezaubern.
Gefesselt werden diese jedoch von
natürlichem Charme,
Unkompliziertheit und der Bereitschaft
Kamerad zu sein.
Jedes gemeinsame Erlebnis fesselt den Mann
mehr.
Achte aber darauf,
dass er sich nie „gefesselt" fühlt!

Schwesterlich

Das alle Menschen Brüder sind,
den Spruch kennt ein jedes Kind.
Der Alltag scheint dies aber zu widerlegen,
denn Gleichgültigkeit lauert auf
mitmenschlichen Wegen!

Dass man Brüderlichkeit tatsächlich findet,
merkt man, wenn einen Krankheit schindet.
Da gibt es tatsächlich „Schwestern",
die dich umsorgen, anstatt zu lästern.

Und bist du aus dem Krankenhaus
nach einiger Zeit glücklich heraus,
dann solltest du dich hilfsbereiter bewegen,
für deine Brüder und Schwestern zum Segen!

Unglücklich

Bist du unglücklich,
weil dich Schmerzen quälen,
dann denke an Schwerleidende in
Krankensälen!
Bist du unglücklich,
weil du Angst vor etwas kriegst,
dann denke an Verzweifelte in ihrer Not!
Bist du unglücklich,
weil du krank darniederliegst,
dann denke an Sterbende alleingelassen mit
dem Tod!
Bist du unglücklich,
dann ist dies so,
weil du dir selber das Glück nur verdrießt,
weil du das, was du trotzdem noch hast,
nicht zufrieden genießt!

Genesungswünsche

Auch wenn dich peinigende Gedanken
plagen,
auch wenn dich schmerzend dein Körper
quält,
du darfst jetzt nicht aufgeben und verzagen,
weil jeder deiner Lieben auf dich zählt!

Hast du erst das Tal der Leiden durchquert
und dich gewöhnt an kleinere Schritte,
dann ist dir das Leben wieder lebenswert
und du füllst ihn aus,
den Platz in unserer Mitte!

Zur Hochzeit

Frohe Stunden,
füreinander viel Zeit,
Gesundheit, Glück, Zufriedenheit,
begleite Euch auf Euren Wegen
als Eurer Ehe beständiger Segen!

Daheim

Tot sein?
Dein irdisches Leben endet!
Tot? Nein!
Nichts ist sinnlos bloß verschwendet!
Tot? Fein!
Dein wahres Leben nun beginnt!
Tot? Nein!
Dein echtes Sein niemals endet!
Zum Sein warst du von Gott bestimmt,
aus seinem Geist einst gespendet,
und weil wir Kinder Gottes sind,
hat er sich uns zugewendet,
zum Reifen ins Sein gesendet!

Unser tägliches Brot

"Unser tägliches Brot gib uns heute...",
betet täglich so mancher Christ
und vergisst,
dass dieses Wort eigentlich bedeute,
dass er das Brot auch täglich isst
und nicht nur Fleisch in Massen frisst!

Frieden

Nach Frieden plärrt jetzt die ganze Welt,
wo der Krieg scheint´s ganz gut gefällt!
Er darf nur nicht bei uns passieren,
aber unten bei den Kanacken darf sich ruhig
etwas rühren!

Schuld sind nur die Russen, die
Mordskommunisten!
"Made in Germany" steht auf Bomben und
Kisten.
Einen schönen Gruß nach Syrien
von den deutschen Christen!

Christen nennen sich manche Politiker und
Wirtschaftskapitäne.
Protestiert jetzt wer, weil ich dies erwähne,
weil ich mich für diese Unverschämtheit
schäme?
Sich Christ zu nennen, mit dem Frieden zu
prahlen,
Geschäfte mit dem Krieg zu leugnen, bis nach
den Wahlen?

Aber wen soll man wählen, wenn fast alle so
sind,
alle Parteien der Welt, zum Frieden gestimmt?
Es ist nur die Frage, was sie darunter
verstehen.
Bis wir das wissen, kann es leicht geschehen,
dass Welt und Menschen für immer vergehen!
Dann sieht niemand mehr den Tod
"friedlich" grinsend auf der Weltruine stehen!

Wie kann man das ändern? Das ist die Frage!
Der Mensch ist selbst der Erde schlimmste
Plage!
Die Gier nach Geld, nach Ruhm und nach
Macht
hat uns immer nur dasselbe, nur Leid,
gebracht!
Mit weniger zufrieden sein, den Schwachen
etwas abgeben,
das veränderte auch unser bedrohtes Leben.

Wo Hunger herrscht und nackte Not,
da scheut man nicht den Krieg, den Tod!

Mensch höre auf, nur stets zu raffen,
dann lebst du friedlich, auch ohne Waffen!

Vogelgleich?

Du kannst Flugzeuge mit Düsen bauen,
mit ihnen Kontinente überfliegen,
mit Drachen durch die Lüfte schweben!

Du kannst vom Mond aus die Erde schauen,
mit Raketen den Frieden auswiegen,
mit Satelliten sekundenschnell Nachricht
geben!

Und doch kannst du nicht der Zukunft trauen,
kannst nicht deine Ängste besiegen,
die versteckt am Götzen Fortschritt kleben!

Du hast versäumt, auf Gott zu bauen,
das Große im Einfachen zu lieben.
Das Zuviel raubt dir die Freude am Leben!

Mensch,
Vergiss nicht zu schauen, zu lieben, zu leben!
Bleibe auf naturgegebenen Wegen!

Geh mit kleinen Schritten und Gottes Segen
deinem nächsten bescheidenen Ziel
entgegen!

Wissenschaftsblind

Wo ist Gott? Wo kann ich ihn sehen?
Ein Wissenschaftler schien dicht vor ihm zu
stehen.
Mit dem Teleskop in der Hand, er nahe vor
ihm stand.
Er suchte ihn in der Weite mit dem falschen
Gerät,
hat nach den Regeln der Universität
in der verkehrten Richtung ausgespäht.

Was hilft´s, wenn man das Komplizierte in
Erwägung zieht
und so einfache Wahrheiten übersieht?

Gott ist in uns und um uns herum.
Wer ihn beweisen will, handelt so dumm!
Menschlichen Sinnen bleibt er unsichtbar und
unerkannt.
Nur im Wunder der Schöpfung,
mit liebevollem Herzen gesehen,
kann man sein Sein und Wirken verstehen!

Wollen-Können-Sollen

Was wir wollen:

Göttergleich durchs Weltall fliegen
und Not und Tod auf Dauer besiegen!
Ob wir es sollen?

Was wir können:

Wachsend fruchtbar die Erde bestellen,
das Dunkel des Ungewissen beständig
erhellen!
Ob wir es sollen?
Was wir sollen:

Uns als Menschen – vernünftig, friedlich
benehmen
und uns nicht gegen die Naturgesetze
auflehnen!
Ob das alle wollen?

Wenn wir doch erreichen könnten,
dass alle wollten,
was wir wirklich sollten!

Naturgemäß!

Umweltsünder, Menschenskinder!
Wie umweltblind doch viele sind!
"Du sollst nicht töten!"
Dieses Gebot wird ständig übertreten.
Unsere letzte Chance heißt Einsicht.
Doch auch das reicht allein nicht!
Nur mit Taten sind wir gut beraten!
Wir haben vom Baum der Erkenntnis
gegessen. Haben wir die Bedingungen des
Paradieses vergessen?
Dürfen wir alles machen, nur weil es
machbar ist?
Sollen wir riskieren, dass sich uns die Zukunft
verschließt?
Verfolgen wir doch die einzig richtige Spur,
das "Sich-ein-und-unterordnen" in die
Gesetze der Natur!
Nicht wir sollen die Natur nach unserem
Willen gestalten, sondern uns als williges
Glied in ihrem lang erprobten Konzept
verhalten!
Wir müssen uns an sie anpassen
und sie ihren natürlichen Verlauf nehmen
lassen!

Am Passo Rolle und Latemar

Mutter Sonne

Stromdurchflossene Drähte
zerschneiden dein Bild.
Strom– aus dir geformt.
Stacheldrahtbänder, dornengespickt,
schnüren dich ein.
Stahl– aus dir verwandelt.
Smogwolken verschleiern
düster deine goldene Scheibe.
Dreck– missbräuchliche Sonnensubstanz.
Wir Menschen vergessen verschwendend,
was du bedeutest von Anbeginn.
Menschen – ein kraftloses Nichts ohne dich!

Stärker

Mit schwarzem Teer bezwingt der Mensch
den Boden.
Er ist stolz darauf, dass er dies schafft,
lässt sich bewundernd loben.
Da reißt das Schwarz, weil Lebenssaft
das weiche Grün unaufhaltsam treibt nach
oben.
Letztlich siegt überall der Erde Kraft!

Elfchen:

SCHNEE
Flocken tanzen
Kinder fröhlich lachen
Schneebälle fliegen gegen Ranzen
Schneeballschlacht

VÖGEL
Meisenknödel schaukeln
Spatzen rauben Futter
Kinder schauen begeistert zu
Du?

WINTER
Schlitten sausen
Lachen fährt mit
Landet sanft im Schnee
Kinder!

SCHNEEBURGEN
Bälle weiß
Geformt von mir
Sausen durch die Luft
Getroffen!

Akrostichon:

WINTER

Wer liebt ihn nicht?
Im Schnee drin liegen.
Nasse Hände kriegen.
Tieren Futter geben.
Einfach sein- Spaß erleben!
Rote Nasen im Gesicht!

Winter

Wunderbar glänzen Eiskristalle.
Im Schnee blitzen sie viele tausend Male.
Nachts verhüllt der Mond- in weichem Gelb.
Tagsüber es den Kindern so gut gefällt:
Eine Schneeballschlacht zu machen.
Rote Backen, ihre Augen strahlen, lachen!

Schnee

Sausen Schlitten flink zu Tal.
Cool ist diese Fahrt!
Hörst du mich lachen?
Neuschnee- mit 100 Sachen.
Eisstöcke zusammen krachen!
Erlebe es-weich ist der Fall!

Vom Backen

Backe deinem Schatzerl
Doch gleich süße Platzerl!
Dann gibt dein Schatz
dir gewiss einen Schmatz!

Du ersparst euch klug das Haschen,
lässt du deinen Mann vom Mohnkuchen
naschen!

Brühe dazu einen starken Kaffee,
so bringst du den müden Krieger
schnell wieder in die Höh´!

Bierbrot

„Unser tägliches Brot gib uns heut..",
beten wir fast alle Tage.
Das hat den Toni sehr erfreut.
Für ihn war es nun gar keine Frage:
Das Bier ist „flüssiges Brot",
um das wir Gott anflehen.
Darum kann er ohne Gewissensnot
auf eine „Mass– Brot" ins Wirtshaus gehen!

Bettgespräch

Frau: Du Schatzerl, greif mal zu mir rüber!

Mann: Schon wieder?

F: Nun mach schon! Spürst du es auch?

M: Was denn?

F: Da ist es irgendwie feucht!

M: Du hast wohl geträumt, dass du unter
einem warmen Wasserfall stehst!

F: Du, es wird immer feuchter!

M: Tatsächlich! Jetzt auch bei mir! Leise! Hast
du es auch gehört? Es tropft etwas!

F: Schnell hole einen Eimer! Unser neues
Wasserbett ist undicht!

M: Siehst du, ich habe es dir ja gleich
gesagt, aber ihr Frauen seid ja immer so
unternehmungslustig!
Wir hätten nicht gleich das halbe
Kamasutra ausprobieren sollen!

Auf oder zu?

Situation:

Ein Ehepaar liegt im Bett. Es ist schwül, weil ein Gewitter naht.

Sie: Du, jetzt mach doch die Fenster auf! Mir ist es zu stickig zum Schlafen!

Er: Es donnert schon in der Ferne. Wenn es näher kommt, wird es laut und du weißt ja, bei Geräuschen kann ich nicht schlafen!

Sie: Bei deinen eigenen Geräuschen schläfst du aber ganz gut, aber ich nicht!

Er: So laut kann mein Schnarchen wohl nicht sein. Ich habe es jedenfalls noch nie gehört!

Sie: Dann werde ich morgen eine Tonaufnahme machen und mit der Stereoanlage abspielen, dass du vor deinem eigenen Lärm davonläufst! So und jetzt mach ich halt selber die Fenster auf!

Er: *Nach 2 Minuten springt er auf und schließt sie wieder.*

Sie: Typisch Mann, du glaubst wohl, ich mag nicht mehr aus dem warmen Bett?

Hüpft raus und öffnet sie wieder.
Die bleiben jetzt offen! Ich möchte nicht ersticken!

Er: Wie wäre es mit einem Kompromiss? Wir machen die Türe auf, da bekommst du vom Gang her genug Luft und außerdem, falls ein Einbrecher Geräusche macht, hören wir das so besser.

Sie: Da müsste der aber blöd sein und noch mehr Lärm machen als dein Schnarchkonzert! Außerdem kann ich bei einer offenen Türe nicht schlafen. Da fühle ich mich irgendwie beobachtet!

Er: Vor 20 Jahren hätte dich der Einbrecher schon noch beobachtet, heute wäre ich mir da nicht mehr so sicher!

Sie: Werde bloß nicht frech! Als Kompromiss könnten wir ja auch nur ein Fenster öffnen und das andere bleibt zu. Du darfst jetzt das deine schließen!

Er: Nein, ich kann jetzt nicht aufstehen. Ich bin jetzt gerade so schön ruhig. Sonst kommt mein Kreislauf wieder in Schwung und ich kann nicht mehr einschlafen!

Sie: Hörst du? Jetzt hat es aber ganz nahe laut gedonnert!

Er: *Beginnt zu lachen:*
Dann müssen wir die Fenster und die Rollläden schließen, nicht dass du vom Blitz geblendet wirst!

Sie: *Lacht auch:*
Jetzt hast du mich geblitzt! Dann musst aber du aufstehen, wenn du schon Recht behältst!

Er: *Schließt die Fenster und will sich wieder hinlegen.*

Sie: Halt! Leg dich zu mir her! Wenn wir beim Gewitter schon nicht schlafen können, könnten wir vielleicht ...?

Er: Warum eigentlich nicht, wo mein Kreislauf sowieso schon in Schwung ist!

Sie: Ja und wenn es dann richtig einschlägt und sich so ein Blitz entlädt, ist die Atmosphäre wieder entspannt. Danach können wir gewiss ganz entspannt einschlafen!

Er: Auch ohne offene Fenster!

Sie: Dass ihr Männer immer das „letzte Wort" haben müsst!?

Schnulze

Des Meeres und der Liebe rauschen
erfüllt uns schnell mit süßer Pein.
Wenn Haut an Haut wir zitternd lauschen,
wenn im Rhythmus der wilden Gischt
wir liebestrunken Küsse tauschen,
verschwimmt zeitlos unser beider Sein,
wird das Du und Ich zum Wir verwischt.

Fasching

Heut bin ich du,
und du bist ich!
Ich schau dir zu
und sehe mich!

Ich freu mich so
und weine dabei.
Ich bin so froh,
wie ich mich freu!

Ich muss nicht müssen,
ich darf´s jetzt tun.
Ich darf dich küssen,
bei dir dann ruhn!

OHNE DICH

Ein Leben ohne FREUDE ist wie eine Blume
ohne Duft,
Ein Leben ohne FREUDE ist wie ein Himmel
ohne Sterne.
Ein Leben ohne GLÜCK ist wie ein Baum ohne
Wasser.
Ein Leben ohne LIEBE ist wie ein Schiff ohne
Boden.
Ein Leben ohne DICH wäre wie eine Welt ohne
Licht.

Eher würden Vögel ohne Flügel fliegen,
Grashalme bis zum Himmel reichen,
Sonne und Mond sich bekriegen,
als ich von deiner Seite weichen!
FA

Jeder Tag

Was heute ist,
war gestern morgen!
Es wird morgen
gestern sein.
Was morgen ist,
wird morgen heute sein.
Was heute ist,
wird morgen gestern sein.
Was gestern war,
war einmal heute oder morgen.
So ist jeder Tag
einmal morgen,
einmal heute
und einmal gestern!
FA

Wenn du groß bist...

Als du ein kleines Kind warst, hieß es:
„Später, wenn du groß bist, darfst du auch...!"
Als du groß warst, hieß es: „Zuerst musst du
dies und das schaffen, dann ...!" Als du es
geschafft hattest, hieß es: „Jetzt hast du
Verantwortung, du musst ...!" Als dir die
Verantwortung abgenommen wurde, hieß es:
„Nun darfst du endlich...!" Also: „Tu das, was
du lang schon wolltest... und genieße!" –FA

91

Daten zum Autor:

- geboren am 20.02.1949 in Vilsheim, Kreis Landshut
- Wohnort: Buchbach, Kreis Mühldorf am Inn
- Lehrer im Ruhestand
- Verheiratet mit Fini (3 Texte sind von ihr)
- zwei Söhne (Tobias und Christoph)
- aktiver Sportler: Tennis und Fußballgolf (WM-Teilnehmer 2014, 2015 und 2016)
- Hobbies: Malen, Fotografieren, Schwimmen, Bergwandern

Weitere Bücher bei BOD:

„Gedankenpfeile": 42Texte und Gedichte zu Themen wie z.B. Glück, Gott, Zeit, Umwelt, Tod und Lebensgestaltung werden mit 34 Fotos untermalt.

- (demnächst): Autobiografische Erzählungen und zwei Mundartgedichtbände (bayrisch, aber „eingedeutscht")